김 말 화

차차차 꽃잎들

애지시선 080

차차차 꽃잎들

2018년 12월 24일 초판 1쇄 발행

지은이 김말화
펴낸이 윤영진
편 집 함순례
홍 보 한천규
펴낸곳 도서출판 애지
등록 제 2005-000005호
주소 34570 대전광역시 동구 대전천북로12
전화 042 637 9942
팩스 042 635 9941
전자우편 ejiweb@hanmail.net

ISBN 978-89-92219-80-8 03810

* 이 책은 경상북도 지역문화예술활성화지원사업의 지원금을 받았습니다.

애지시선 080

차차차 꽃잎들

김말화 시집

□ 시인의 말

안으로 안으로만
눈을 반짝거리는 습관 버리지 못했다

꼬리를 잘라도 징글징글 자라나는 생각들
웃음은 생각을 가볍게 한다는데
자꾸만 무덤덤해졌다

오래 가둔 것들
밖으로 내보내느라 눈을 감았다
많이 웃어서 가벼워지고 싶다

2018년 겨울

김말화

차례

제1부

제2부

제3부

제4부

제1부

등

새벽마다 낡은 꿈을 닦아 창문에 걸었다

시간을 갉아먹는 벌레가 찌찍 소리를 냈다
아침 새와 비 온 뒤의 안개와 작은 연못과
몇 가닥 목소리가 처마 끝에서
깜부기불 심지처럼 피어났다 스러지곤 했다

아카시 꽃잎처럼 흔들리던 일이며
들길 끝까지 걸어갔다 돌아오던 일이며
열리지 않던 문 앞에서 주저앉던 일이며

목련도 흩어지고 철쭉도 시들고
시간의 시소는 소멸 쪽으로 자꾸 기우는데
잊히지 않으려고 날마다
녹슨 추억을 닦아 허공에 내걸었다

월소月梳

검은 하현의 생을 빗겨요
달빛 스며드는 툇마루에 앉아 당신의 뒤태를
쓸어내려요 어느 시간엔 나를 빗질했던,

빗살마다 추억이 촘촘 박히고
바람은 자작나무 숲 사이를 빠져나가요
잠 못 드는 궁리를 헤집다 손톱으로 훑어 내리는
모스부호 같은 허밍

딸과 같은 해 태어난 시누이 옷을 만들었다죠
바늘땀이 한 땀만 삐뚤어져도 모조리 뜯어버리던
어린 시누이 앙탈을 받아줄 때도 허밍소리가 났다죠
오촉 등처럼 켜지는 달맞이꽃이 가슴에
와락 안기던 밤이었다죠

수많은 계절이 당신의 낡은 소매 속으로 들어가고
하프의 현을 튕기며 빠져나가는 시간의 발자국

또 한 계절이 당신 어깨를 빌려서 오네요
허밍허밍

어깨와 목덜미, 손가락 사이로
소리의 아우라들이 지나가네요
엄마는 반달의 감정을 내 가슴에 달아주고 떠났어요*
달빛이 당신의 회한을 빗질하고 가네요

* 진은영 시 「나의 달은 매일 운다」에서

스스와타리가 사는 집

적막이 지붕 위에 앉아 별을 헤는 밤이다

길고양이 한 마리 어둠 사이를 비집고 사라진다

텅 빈 것들도 한순간 울음을 가지는 걸까

감나무 꼭대기서 마지막 남은 감잎이 떨어진다

마당과 뒤란과 처마와 우물이 경계를 허문다

추억은 왜 자기를 지워야 비로소 추억이 되는지

반쯤 무너진 흙담이 조금 더 기울어진다

검푸른 냉기의 뒷모습이 스윽 마루를 건너간다

밤하늘의 얼굴에 금을 긋는 별똥별 하나

〉

창문 아래 죽은 새의 깃털 하나가 순장된다

소실점 그 너머로 오늘의 바람이 사라진다

우포늪

새들의 원시림 속에 누웠다 잠시,

가뭄 깊은 늪은
수천 가닥 햇살 다리를 뻗는다
어디선가 아득하게 골풀 눕는 소리

내 안에는 사막이 가득 차 있어서
들리는 것들은 모두 마른 울음을 가졌고
어떤 꿈은 허공을 배회하다 바스러졌다

새처럼, 새들처럼

그늘을 가질 수 있다면
그늘에 기대어 잠시 날개를 접을 수 있다면

하루 중 가장 쓸쓸한 오후 2시
게슴츠레한 눈 위로

노루 꼬리 같은 스콜이 지나갔다

늪은,
늪의 탯줄을 따라 새로 태어나고 있다

우울주의보

우울지수는
작약 꽃잎 한 장에도 다정합니다 여린
속살마다 어지럼이 가랑비처럼 젖어들겠는데요 잿빛
고양이울음은 스멀스멀 봄의 줄기까지 스며들어
사월의 거리가 온통 난분분하겠습니다
외출하시는 꽃님 여러분, 민감한 체질은
하루 전에 우울차단제를 뿌려주시고
3시간 간격으로 덧뿌려 주시면 효과를 높일 수 있습니다
오후에는 달의 눈물* 같은 상념이 몰려와
슬픔의 양이 더 많아지겠지만 이럴 땐
꽃술에 쇼팽의 녹턴을 일회용밴드처럼 붙이거나
새털구름을 물관 가득 흐르게 해도 좋겠습니다
우울한 무관심에서 나온 권태가 불멸의 크기로 커질 때*
당신 정원의 기온은 이미 40도 입니다 소심한 장미며
기린초, 자주달개비도 덩달아 무기력을 호소하겠는데요
등에 짊어진 시름이 낮 동안 둥글게 말려 있다가
늦은 저녁 기온과 함께 뚝뚝 하강할 것으로 보입니다

오늘은 낮과 밤의 일교차가 큰 만큼
분홍 향기로 입술과 가슴을 꼭 문질러 주시기 바랍니다
주말까지는 지역에 따라 국지성 우울이 계속되겠고요
다음 주 초엔 전국적으로 짙은 황사가 밀려오겠으니
꽃 피우는 일은 잠시 쉬어가야 되겠습니다
FBS 나팔꽃입니다

* 보들레르의 시 「달의 슬픔」, 「우울」 에서

로즈 앱솔뤼

한 여자
오월의 붉은 입술 속으로 들어가고 있네

꽃잎에 몸이 닿는 순간
탐스런 엉덩이가 부풀어 오르네
설레는 뒤태 위로 현기증이 걸리네
닫힌 꽃잎이 열리네
깊숙이 빨려 들어가는 달콤함
향긋한 와인으로 와전되네
그 여자 지나간 길, 노을이 차곡차곡 접어
그리움 응고된 심장 속으로 밀어 넣네
그녀는 없고 몇 장의 심장만 남네
세상이 서로 경계를 허물고
제 살 속으로 스며드는 마법의 시간

붉은 그녀
내 속으로 들어와 번지네

모애暮靄

배란기 때마다 촉촉해지는 아랫도리처럼
대지가 뽀얀 분비물을 내놓는다

열린 숨구멍마다 안개가 스며들고
퉁퉁 불은 어둠이 몸을 누이려는 저녁

세상은 다 젖는데
홀로 젖지 못하는 저 버즘나무 한 그루
오래 손 흔들었던 일들은 쉬 지워내지 못하는 걸까

살아도 죽은 나무처럼 싹을 내지 못하는 게 있단 걸
사랑을 잃고 난 후에 알았다

보름달 증후군

라, 라, 붉은 루주를 발라요 달콤한 부패를 노래해요 가볍게 어차피 사는 건 장난 아닌가요 오늘도 금기와 금기 사이로 외출을 하죠 금빛

물고기 한 마리 혈관을 타고 헤엄쳐 와요 퍼덕거리는 지느러미 사이로 나는 아득하게 나를 혼절시켜요 반짝이는 반지를

훔쳐요 나비처럼 춤을 춰요 나는 내가 슬퍼서 휘파람을 불어요 미니스커트 아래로 깔깔거리며 바람이 지나가고 너무 기뻐서 울다가 너무 슬퍼서 웃다가

찰랑거리는 귀고리를 훔쳐요 란제리 고르는 여자의 손목을 훔쳐요 샤넬 No5는 어느새 내 손바닥 안에서 향기를 내뿜고 구름을

라, 라, 훔쳐요 별을 훔쳐요 어둠을 훔쳐요 보름달이 뜨

면 붉은 몽환을 발라요 달콤한 상실을 노래해요 나는 나의 외출이 황홀해 나를 지워버려요 자꾸

드라이플라워

구겨진 신문을 펴자 할머니가 웃고 있다

누구한테 받은 건지
까맣게 잊어버린 마른 꽃
다발을 싸서 버리려는데 문득
시반屍斑의 향기가 끼쳐온다 훅
독거노인의 죽음
신문 스크랩이 요약한 생을 들여다본다

폐지처럼 바스락거리는 옷자락 너머
구겨진 손엔 한줌 어둠이 고여 있다
다정하게 웃고 있는 가족사진

얼마나 오래 웃어야 독獨이 되지 않을까

낡은 손수레엔 싸락눈이 쌓이고
수반水盤이 된 방은 생의 물기를 증발시켜

드라이플라워가 된 할머니

마른 몸이 마른 몸을 위로하는 시간
담벼락 아래 슬며시 내려놓고 돌아서면
저녁이 불콰하게 풍장 되고 있다

밤의 카페*

낮보다 밤이 아름다워요 흐느적거리는 불빛 사이로 Calling You 나는 어린 무희가 되어, 끈적거리는 욕망을 안고, 흔들리는 전등, 헝클어진 탁자, 쓸쓸한 그대에겐 압생트를 권할 게요 음악이 멈추고 가벼운 침묵으로 밤은 풍선처럼 부풀어 오르고 담배연기와 소음과 탁자 위에 엎드린 사내의 눈빛과

온몸이 불타는 춤을 추고 싶어요 붉은 벽, 관능적인 당구대, 나신裸身, 당신의 내일을 유혹하고 싶어요 아니면 죽은 어제를 누구든 빛에 취해 스스로 미쳐가는 밤이 있지요 〈카페 아를〉, 황시증黃視症에 걸린 사내는 또 압생트를 마시네요 상처를 할퀴는 건 이별이 아니라 얼음 같은 그대의 키스예요

날 내버려두지 마세요, 나는 갸르릉갸르릉 낡은 바이올린처럼 울고 낡은 바이올린처럼 웃어요 이 현기증 나는 노랑을 노란 갈증을, 낡은 내 그림자는 당신을 붙잡지 못하

겠지만 우린 모두 폐인이 되어서야 조금 더 서로를 이해할 수 있을까요 그렇다면 안녕, 달콤한 슬픔의 중독이여

* 빈센트 반 고흐 1888년, 캔버스 유채 70×89

하늘걷기

종종
하늘을 걸어요 나는
구름을 밟고 살짝 공중부양을 하죠

두 개의 발판을 딛고 발자국은
앞서거니 뒤서거니,
외과수술로 되살아난 버드나무 사이로
불빛 반짝이는 아파트 창문 사이로

풍차돌리기 아래로 막 지나가는
뱅갈고양이 털 같은 새벽 공기 마시며
실루엣 푸른 여자는
치와와 한 마릴 데리고 종종 걸음입니다

눈동자 아래는 보지 않는 게 좋아요
쭉쭉 뻗어갔다 돌아오는 허공 속으로 자맥질하며
내가 궁금한 건 가시권 밖의 안부예요*

〉

뒤쫓아 오는 어제의 얼굴은 보지 말고요
다만 앞으로, 앞으로
있는 힘껏 공중을 달려보자는 겁니다
오늘의 리듬에 맞춰

* 안희연 시 「백색공간」에서

압화

웃음이 갇히자 울음이 되었다

어느 날 그는
꽃살문을 만들다 남은 자투리 나무로
액자를 만들었다 붉은 칠을 하고

생애 처음 찾은 사진관
어색한 웃음도 인화했다
불행이 평면으로 수용된 압화

억센 손아귀가 어깨를 짓누르고
자, 사진 속에서라도 행복해야지
평생 밖으로만 떠돌던 타인 같은 바람이
가장자리로 미끄러지는 아이들을 붙잡았다

흰 앞치마를 두른 여자는
노랗고 빨간 가족을 접시 위에 올리고

창가에는 흰 구름이 지나가고

몸속을 다 갉아먹힌 마지막 순간에
엄마 품에 안겼지만
사진 속에만 있는 그를
단 한 번도 아버지라 부르지 않았다

아직도 붉은 시간들이 흘러내리는

접시를 닦으며

눈알을 씻어요
타원형 개수대에 뒤엉킨 차가운 응시
끊임없이 반복되는 이 지루한 일상은
동물성이에요 사나운 이빨 으르렁거리는
아니면 식물성일까요
해바라기 노란 웃음 사이로
페르시안 고양이 몇 마리 발톱을 세우며 지나가고
점층법으로 비대해지는 몸뚱어리의 나날
안구건조증의 눈두덩이를 비비며
부메랑 같은 지리멸렬을 헹구며
밤새 안녕하셨습니까?
베란다 너머로 흔들리는 플라타너스의 목례
흔들리는 것들이 어디 나무뿐이겠습니까
다 씻은 눈알을 차곡차곡 식기건조대에 뉘입니다
시신처럼 누운 UFO들의 안식
한 번도 가보지 못한 이탈리아
이태리풍 크리스탈 눈알을 닦는다면

오늘은 참 쓸쓸하게 행복하겠습니다
켜켜이 쌓아놓은 둥근 권태 너머로
뻐꾸기시계가 여덟 번 울고
쿨렁쿨렁 개수구로 흘러가는 여자

매생이

바다의 머리까락이지라
칼베람 불고 눈보라 날려야 쑥쑥 자란당께
매생이가 맹생이일 수 있는 까닭은
독특하고 비밀을 간직한 덧한 영양 때문이여
뜨뜻하믄 물속에서 녹아 없어져부러

장홍서만 나옹께 외지 사람은 거의 못 묵어보재
장모가 징하게 미와라 하는 사우가 오믄
떡허니 매생이탕을 내놓재
김이 안 낭께 사위는 뭣도 모릉게 덥석 삼켜 불고
입천장이 홀라당 뱃겨져 불재
그려서 미운사위죽이랑께

세빠닥에 살랑거림서잉 행기가 지긋허게 퍼진디
아 안 씹어도 꼴까닥 넘어가부러
겨울에는 고놈만 한 묵을 것이 없지라
굴 넣고 탕을 한번 끓어블믄

그람 너이 묵다 다섯이 디져불도 몰러

립스틱에 대하여

립스틱이 부러졌다

부러지기 전부터 부러지는 걸 염려하던
나의 유전적인 가계를
그는 늘 비웃었다

립스틱은 언제나
입술 위에서 휘청거리며 길을 잃는 순간이 있다
선천적인 속성이라 해도 좋고
치명적인 자기혐오라 해도 좋은

립스틱이 부러지는 건
결국 두 가지 이유에서이다
너무 오래 방치해두었거나 너무 진부해졌거나

제2부

빈집

언니가 떠난 후 집에는 소리가 살지 않았다 아버지가 있었지만 없었고 엄마가 있었지만 없었다 수천의 슬픔을 품은 주머니가 지붕을 덮고 있는 집, 모두 있으면서 텅 빈 집, 고함과 몽둥이가 지나간 다음날은 더 아무도 살지 않았다 슬픈 허리를 쓸어주던 바람 같은 집, 들짐승들이 낙엽처럼 끌어 덮던 집, 네 귀퉁이가 낡은 집, 고생대 화석처럼 시간의 흔적만 남아 삼엽충 같은 집, 개망초 무성한 집, 부평처럼 흘러가는 빗방울의 씁쓸한 어제가 되어버린 집, 추억이 이사 간 집, 그 집에 오래 살았다

우리 옆집에 앨리스가 살았어요

시작도 하지 못한 연애담을 늘어놓으려는 건
아니에요 비 오는 아침
콜린성 두드러기가 생기지 않았다면 몰랐을
그리움에 대해 말하려는 것뿐이에요
회색 구름을 괴고 커피 마시는 날은
반쯤 들이치는 빗소리를 읽다가
나르시스의 눈에 비친 호수를 생각해요
가슴께로 물이 차오르는 순간
거기 앨리스가 있어요 아, 앨리스

어제 외출에서 돌아왔더니
창문에서 그녀 실루엣이 사라졌어요
눈길 한번 제대로 주지 못했는데 그녀는
아린 가슴을 정원에 남겨두고
굴속으로 사라지듯 떠나버렸어요
더 이상 앨리스의 이웃이 되지 못하는 나는
어깨가 왼쪽으로 기우는 습관이 생겼어요

〉

꼬마 때부터 앨리스는
내 몸 안쪽에서부터 햇살처럼 퍼지다가
장미처럼 붉다가 가시처럼 아프다가
해바라기 하던 눈빛과 무심하던 눈빛이
버무려지면 우기가 시작되는 걸까요

빗소리 위에 엎드려 앨리스를 읽어요
그녀 눈빛에 닿을지는 알 수 없는 일 다만
지금은 주절주절 비가 내리고 결코
끝맺지 못한 연애담을 늘어놓으려는 건 아니에요

슬픔이 오는 방식

목수인 아버지는 나무와 가까웠지만
혼자였던 나는 슬픔과 가까웠다
나무는 슬픔을 알지 못했고
나는 아버지를 외면했다

바깥을 배회하는 나무처럼
나무를 배회하는 바람처럼
아버지는 밖으로만 떠돌았다 어쩌다
바깥이 안이 될 때도 있었지만
그럴 땐 내가 바깥이 되었다

혼자는 자꾸 눈물 이야기만 하려 해서
저녁마다 울음이 목젖까지 차올랐다
나는 나로 놓여있지 않았다
하루가 버거운 후천적 고아였다

웃음이 등 뒤로 흘러내리던 날

아버진 끝내 바깥의 신도가 되었고
내 유년의 나무는 장례되었다

때로는 슬픔이 슬픔 안에서도 걸어 나온다는 걸
한참 후에야 알았다
이렇게 나무들이 수런거리는 저녁이면

코코샤넬

이건 전혀 새로운 혁명이야기

가식적인 코르셋의 쓸모없음을 슈트로 말했을 때 야유와 질시로 비웃던 당신들 그때 자유와 욕망은 예의라는 감옥 속에 얌전히 갇혀 있었지 나는 치렁치렁 긴 치마를 무릎 위로 싹둑 자르고 허식과 편견을 버리고 억압을 내던지고

내 스타일 어때? 가없는 내일의 형식을 입어 봐 자유의 씨실과 해방의 날실로 산뜻하게 리폼해 봐 우아함과 세련미는 선제공격무기 부당하고 압제적인 세상을 뒤집어엎을 거야

감추는 옷의 시대는 가고 옷이 몸을 만드는 시대 어제의 왕정을 꿈꾸는 당신들은 언제 어디서나 힐끔거리고 논평하고 냉소하지만

〉

나는 자유와 해방의 전사 혁명의 깃발 높이 쳐들고 여제를 위하여 제국을 위하여 세상 어디에나 있고 어디에도 없는 이 새로운 압제를 추앙하는 우매한 신민을 위하여

그러나 이건 오래전 실패한 낡은 혁명이야기

어떤 실루엣

오후의 목욕탕
튤립터번을 두른 흰 살결들이
모락모락 앉아있는 틈으로
뒤태 뭉실한 짧은 머리 아가씨
가을 햇살이 물오른 벼를 쓰다듬듯
함박웃음 실루엣이 그녀 몸을 밀어준다
노을 내려온 창문 아래서
힐끔거리는 시선 아랑곳하지 않고
양귀비의 말리향 목욕법이라도 가르쳐 주려는 듯

슬몃 그 곁으로 다가앉는다
"아가, 복 없어서 간 놈은 다 잊거래이
어메 걱정 말고 잘 살아야 한데이"
방울방울 그리움이 각질처럼 붙어 있는
그녀 뽀얀 등에서 죽은 아들 얼굴 밀어내고
복숭아꽃물 든 볼에서 미운 정 고운 정 닦아낸다
한 바가지 맑은 이별을 퍼붓자

음영, 잠시 흔들리는 가녀린 어깨

살붙이 떠나보내는 일
저토록 정성들여 추억을 밀어주는 것인가

꽃배 하나 띄우다

신광 호리못 언저리로 내려가는 비탈길엔
제 속으로
하늘 끌어당기는 풀들이 나부끼고 있다

허리까지 드러난 못은
여기저기 쑤시는 몸을 어루만진다

꽃 피던 날들은 가고 조금씩 말라가는 물의 살,
소나무가 넌출거릴 때마다 바람이 분다

나를 저버린 그가 저기 있다
한 번도 돌려세운 적 없는데

밖으로 내뱉지 못하고 썩어 병이 되도록
고집스럽게 나오지 않던 언어가
이제야 물안개로 떠오른다
〉

계절을 떠나보내며
못 위에 꽃배 하나 띄우고 돌아선다

귀신시대

나무귀신,달걀귀신,미명귀,손각시,몽달귀신,두억서니,
꽃귀신,무주귀,처녀귀신,머먹귀신,총각귀신,팔척귀신

클릭 클릭
손가락이 부러져라 마우스를 눌러도
혓바닥 날름거리며 출몰하는 저 귀신
숨이 막혀
실오라기 하나 걸치지 않은 팝업창마다
가쁜 숨 헐떡이며
탱탱한 젖가슴 흔들며
나를 벗기려 와락 달려든다

손가락에 숫자 달고 쫓아오는
귀신은 또 어떻고
무서류 저금리 스피드대출에 스탁론까지
큰돈 빌려주겠다며 뻔뻔한 지문 쿵쿵 눌러댄다
스팸부적을 붙여도 퇴마사를 고용해도
징글징글 따라 붙는 귀신들

〉

목소리에 비단뱀 한 마리 두르고
유혹하는 귀신은 너무 흔해서 겁나지도 않아 다만
자식 이름 치렁치렁 걸치고 오는 귀신에게
마귀 창궐하는 계곡으로
순박한 노인 여럿 끌려갔다는 비보가

한 귀신이 희미해져 가면
또 다른 귀신이 업그레이드 돼 나타난다
도대체 이 많은 귀신들은 어디에서 오는 걸까
죽여도 죽여도 다시 살아나는
지금은 온통 귀신시대

호더스 증후군

중요하지 않은 것들이 어딨어
그건 버리면 안 돼 이것도 안 돼
애초부터 저장유전자가 있는 것처럼
저장 저장해

터질 것 같은 신발장
삐져나오는 장롱
구석구석 쌓아둔 그에 대한 기억과 고통
별별 것 다 담고 버리지 못하는 저 병증

오늘 버릴 것과 놔둘 것들
정리 좀
마음에 켜켜이 담아둔 미움도
추악한 추억도

제발 버려
사는데 문제없어

포장마차

별똥별 같은 사내
그 별에 자주 불시착했다

저녁이면
두 개의 분화구를 갖는

벚나무 집에 갇히다

그녀 흐드러진 눈 속에 갇히고 싶었다
벚나무 집 쪽문 사이로 연분홍 잎이
차차차 스텝으로 떨어진다
켜켜이 분홍 주검이 쌓이는 동안
추억은 자꾸 레코드판처럼 낡아져 가고

테크토닉이 아니라 차차차를 추면서
말없이 꽃 지는 소리 들으면서
꽃도 없이 마흔 훌쩍 넘긴 여자는
뒷산 뻐꾸기 소릴 듣는다
쭈글쭈글 수분 빠져나간 것들은 왜
모두 울음을 가졌을까

꽃비 철창 안에서 꽃잎처럼 쏟아내는 넋두리
수년 전 집 나간 사내는 소식조차 없다고
벚꽃 무늬보다 더 선명한 건조주의보
가슴 우듬지에서 한 움큼씩 떨어져 쌓이는

차차차 꽃잎들 환하게 불 켠, 그녀
처마 짧은 그 집에 오래 갇히고 싶었다

철나무

철의 정원으로 오세요
미래 없는 아이들 상한 발을 덮어주는
수많은 잎사귀의 손짓이 빛을 내고 있어요
쇳물에서 피워 올린 내일을 향한 나무들
차갑다구요!
차가운 심장 속으로 뜨거운 수액이 흐르고 있는 걸요

시시신이 지키는 철의 숲으로 오세요
해변의 눈꺼풀 위로 뒤척이는 흰 유목들 사이로
나무는 옷섶을 풀어 수만 송이 별을 꺼내 놓아요
저녁으로 흘러내리는 철의 정령들
소리 없이 움직여 내일을 담금질해요

백사장,
파도의 대장간 위로 쏟아지는 빛의 위로가 환해요

노을

베란다 창가에 쪼그리고 앉아
기제 시간을 기다려요

병치레 잦은 막내딸 생일이면
산 그림자 짧어지고 거인처럼 돌아오곤 했죠
대문을 넘어오던 거나한 목소리는
에테르처럼 온몸으로 퍼져

나는
풍선처럼 가벼워지기도 했던가요

동그랗게 몸을 말면
외로움이 작아질까요
종아리가 뻣뻣해지도록 오래 앉아

햇빛 들이키는 하늘을 기다려요 잠시
홍조 띤 얼굴로 머물다 가는 세상의 저녁에

양파

햇양파를 산지 얼마 되지 않았는데 속이 다 썩었다
아내의 바쁜 저녁을 도와주려 양파를 까던 나는
양파 속을 들여다보다 눈이 붉어졌다

그녀는 자주 눈이 붉어져서
나를 만나지 않았던 시간 속으로 가있기 일쑤였다 늘
희망을 갈구하였으나 절망만 안겨주었다

양파를 손질하지 않았으면 몰랐을 눈물
눈물 흘리지 않았다면 몰랐을 아내의 썩은 속
벗겨도 벗겨도 새로운 껍질이 나오고
부드러운 속이 나왔다 그녀가

"나이 오십 줄에 철드나봐 당신"
무심한 듯 던지는 말에
"양파가 와이레 맵노"
공연히 등을 구부리며 딴청만 부렸다

〉

양파껍질을 다 벗겨도 쉬 가시지 않는 눈시울
아내가 아파서가 아니라 내가 아프기 때문이라고
내일쯤은 깨닫게 되었으면

비 없는 나라

오십 번째 계단을 밟고 엄마는
구름 위로 사라져버렸어
만취의 아버지를 계단 아래로 밀치고 싶었지만
오빠와 난
번번이 훗날을 기약했지
가문 날들의 반복 위로
비처럼 엄마가 왔으면

거리를 헤매다 끓여 먹었던 냄비 밑동이
화상 입어 그을려 있던 날
방에 들어온 쥐를 얼결에 죽였어
울던 귀에서 사막이 쏟아져 나오고
그날 이후로 나는
더 이상 자라지 않았어 오스카처럼

초록 우산 하나 꺼내 주세요
소나기처럼 말하는 사람들

안녕,

인사하는 순간 사라져버리는 비처럼
징징 울던 오빠는 먹구름 속으로 사라져
아직 돌아오지 않고

쓸쓸

동백이 떨어져서 달이 뜹니다
그건 계절의 슬픔

그대는 먼 곳을 향해 있습니다
쓸쓸의 취향을 혈액형으로 알 순 없나요
가령 눈물 속에 꽃뭉텅이가 드리핑 된다든가
차가운 벤치 위에 한나절 앉아있다든가

홀로라는 말 짧게 내뱉고 길게 듣는 저녁
질기게 매달렸던 순간을 기억합니다
등이 시렸지요 늘 등부터 돌렸으니까요 오늘은
집착을 버리고 수백 송이 떨어지는 설움처럼
달뜨게 울어볼까 합니다

내 울음이 개미 발자국 소리보다 작거나
지상에 누운 꽃잎의 무게조차 안 되는
깊이를 가졌을지도 모릅니다

다만 이 낙화가 그대 때문이란 걸
차마 몰랐으면 좋겠습니다

떨구어도 떨구어도 자라는 게 달빛입니다

아이가 타고 있어요

경직硬直을 가득 태우고
솜털 보송보송한 아이가 가고 있다
시동 걸 때 엔진처럼 눈동자가 떨린다
'확 끼어들고, 속력으로 겁주지 마세요'
불안이 사방연속으로 기어오른다
생전 처음 연습해보는 두려움
가는 곳마다 어둡고 가는 곳마다 무법천지

저물녘 신호를 기다리는 로터리
당신의 눈빛이 금방이라도 뛰쳐나갈 태세다
'아이가 타고 있어요' 등에 모시고 다녔던 문구는
빠른 바퀴 속으로 빨려 들어간 지 오래

솜털 보송한 아이는 까맣게 잊혀지고
눈과 귀를 닫아버린 이기적인 바퀴 위에
세상의 모든 처음을 배신한
어린 시간이 타고 있다

변명

의사의 처방은 우울증이라 했다
마음이 지워졌고 생각을 잃어버렸다
친구를 멀리 했고 시가 떠나갔다

다중인격처럼 밖에선
좋은 척 별일 없는 척 날마다
투명해지려고 신열을 앓았다

목소리가 사라지자 몸도 따라 사라져갔다
차고 습한 방에 나를 가두는 건 언제나 나,
였다고 끝내 말하진 못했지만

손목을 긋듯 벼랑 끝에 서서 기다린다
왕왕 울어대는 아이 같은
그렇게 속절없고 그렇게 천진한 얼굴로

제3부

풍경風磬

너를 읽는 순간
왜 가슴에서
뎅그렁뎅그렁 소리가 나는지

열여덟 첫 키스 같은
고 머시마 두 볼우물 같은

차마 끝내 읽지 못해
훅, 깊은 숨 들이쉴 땐
가슴 콩닥거리는 현기증

잠자리에 들면
밑줄 그은 몇 개의 문장
자꾸만 풍경소릴 내는

환절기

엄마와 나 사이에 갇혀있어요 나는
시간과 시간 사이에 걸려있는 추처럼
흔들거리는 모습이 마음에 들어
쿨럭거리듯 당신들 사이로 비집고 들어가요

젊은 나이에 홀로된 엄마는 자신을 내보인 적이 없어요
아들딸 위해서라면 무서울 것도 놀라울 것도
그 무엇에도 흔들리지 않았죠

여자로 산 적 없는 엄마를 따개비처럼 붙어서 먹고 산
나는, 엄마와 여자 중간 어디쯤에서 악쓰고 있어요
엄마는 온전히 엄마로 살려고 여자를 버렸지만
온전히 엄마로 살까봐 엄마를 버렸어요 난

엄마와 나를 사이에 두고
내일도 갇혀있을 거예요
엄마도 나도 아닌

아픈 심장이 그려놓은 동그라미 안에

생활의 지혜

악취제거

장마철에 가장 신경 써야 할 곳이 주방이다 개수대는 뜨거운 물을 자주 붓고 식초 두 큰 술에 물을 섞어 배수구 주위에 뿌리면 냄새가 없어진다 가눌 길 없는 이별에도 쓸쓸한 향기가 산다 특히 마음 언저리에 남아있는 미련은 골칫거리다 헌 스타킹에 그의 거짓을 엮어두거나 양파망에 악다구니를 넣어 걸어두면 미련도 사랑도 점차 사라진다 무엇보다 쓰레기로 처리할 때 유용하다

붙은 그릇 떼어내기

그릇이 겹쳐 분리되지 않을 땐 억지로 떼어내선 안 된다 압력을 가할수록 더 꽉 조여진다 그럴 땐 속 그릇에 찬물을 넣고 바깥쪽 그릇은 따뜻한 물에 담그면 쉬 떼어진다 미친 사랑처럼 그런 때가 있었다 결코 떨어지지 않으리라 믿었던, 차고 따뜻한 망각이란 시간이 철옹성 같은 둘을 떼어냈다 너무나 단순한 이별법

입술이 새파랗게 변했을 때

체온이 급격하게 내려가면 입술이 새파랗게 변한다 자칫 잘못 건드리면 입술 껍질이 벗겨져 피가 터진다 재빨리 체온을 상승시키는 게 최선이다 갑작스런 해고통보, 한파 몰아치는 세상이 심장을 찌를 때도 입술이 새파랗게 질린다 이럴 땐 어둠보다 더 어두운 곳에서 빛을 내는 별처럼 어둠의 통로를 확보하면 된다 그러나 가끔씩은 그냥 내버려두기도 한다

흉터자국 없애기

견출지나 상표를 떼어내면 흉한 자국이 남는다 꽁꽁 얼려 긁어내거나 드라이기 열로 녹여내는 방법이 있다 굳게 믿었던 그가 찍은 발등엔 배신보다 더 거친 상처로 비비면 깔끔해진다 남은 분노도 상흔으로 살살 문지르면 쉽게 없앨 수 있다 아직 시도해 보지는 않았다

수세미 뜨는 시간

뇌졸중으로 쓰러진 그가
12년째 홍잠처럼 누워 있다
늘그막까지 내 사지를 묶고
끊임없는 악다구니 뽑아낸다

나는 안방에서 거실, 주방으로
사슬뜨기처럼 움직이는 게 전부다

몇 타래 털실과 코바늘 하나로
안식처를 마련하는 베아 카마초
나만의 평안을 위해 솔잎을 던지고 싶은,
지쳐가는 애증을 닦아내기 위해
수세미를 뜬다

안식은 필수품
치매 앓는 윗집 할머니에게도 주고
실연한 아래층 아가씨에게도 나눠주지만

연민으로 직조된 필수품은
필수가 되지 못하고 허접스레 쌓이기만 한다

짜고 풀고 짜고 풀어내고
손으로 뜨는 안식, 아지랑이
어질어질 피어나는 창가에 앉을 때마다
손가락 끝이 붉어지는

우로보로스

1.

네가 깎아준 사과를 그와 베어 먹고 그에게 건네준 사과향이 그녀에게서 배어나오고 벌레 먹은 사과를 받고도 아무렇지 않은 오늘이 있고 예쁘게 깎은 사과를 주고도 피투성이가 된 어제가 있어 얼핏 둘이 하는 게임 같지만 그건 언제나 해독 불가능한 데자뷰

2.

연씨 소녀가 아라가야 산성에서 걸어 나왔어 700년 품었던 사랑 앞 다투어 피워내느라 수줍음도 잊었다지 "지독한 사랑이었지요" 그녀가 잠시 웃었던가 울었던가 어둠의 궤적 위로 흘러가는 미소, 영원으로 시집가는 소녀는 오수午睡 속에서 꿈꾸는 빗방울 둥근 연밥 속에 몸을 말고 들어가는 한낮의 뒷모습

3.

당신이 등을 돌렸다 내가 활짝 웃는 순간 가장 처절하

게 의도된 계획처럼 울음이 생겨났다 슬픔이 올 때마다 모래시계를 생각하는 버릇, 출발했으나 언제나 출발한 지점으로 되돌아와 있는 오늘과 새로울 것 없는 내일의 집착, 다시 처음인 듯 끝인 듯

겨울나무

슬픔을 끌어당기는 물관이 작동하기 시작했다
근심 없는 듯 웃었으나 버짐처럼 번지는 각질
몸피에 흐르는 핏줄 툭툭 터지는 소리 들으면서도
엄살 한번 피울 수 없어 그저
소외되는 것만이 최선이란 걸

아픔이 깊을수록 나이테가 늘어났다
며칠 내내 시달린 고열에 실핏줄 터지고
뼈마디마다 멍들었는데 가슴은
아직 터지지 않았나봐 아프다는 건
쉽사리 열어놓기 힘든 비밀 문 같아
그럴수록 더 깊이 가라앉아 혼자인데

어제는
체관 속으로 흐르던 초록의 기억과
꿈속 다녀간 무수한 바람 때문에
선 채로 밤을 지새웠지

언 땅 아래서 자꾸만 시들어가는 뿌리에게
얼른 일어나, 얼른 일어나
토닥토닥 창백한 등을 두드려주면서

입춘

병든 난관 한쪽을 푸른 칼날로 쓱 베어냈다
그믐 때마다 맞는 배란유도호르몬제
베어낸 통증보다 남은 간절함 때문에
쉬 씨앗의 꿈은 여물지 않았다

자꾸만 몸이 가려웠다
분홍빛 유두가 거무스름해지고
탱탱해진 가슴만큼 속이 메스꺼웠다 불쑥
시큼한 레몬향이 입 안 가득 돌고
햇살을 야들야들 부쳐 먹고 싶었다

파티를 준비했다
아무것도 없는 식탁 위에
꽃 소식을 장식해 놓았지만 잠시,
아이 같은 바람이 불어 꽃망울 맺는 척했을 뿐
내게 오는 봄은 그저 상상꽃 피우는 계절일 뿐
〉

수정되지 못한 망울들이 붉게 붉게 떨어졌다

분꽃

머리카락이 희끗해지도록
기억할 만한 행복 하나 변변히 없는 여자
등 뒤로 바람이 지나가고 생각난 듯 분꽃이 피었다

한번도 행복에 대해 말하지 않았다

취산聚散의 땅에 앉아 묵묵히 꽃을 피워내고
뿌리로 사는 것, 행복이라 여겼다
튼실해진 가지들 사이에서 가끔 중얼거리듯 노래 할 뿐
손발이 터지도록 거름이 되고 울타리가 돼주었다

마당에 분꽃 앞 다투어 피던 날
꽃 아래 퍼질러 앉아 울던 여자
그녀를 지키려다 눈두덩이 시커멓게
부풀어 오른 나도 까만 눈물을 떨구었다

올해도 저렇게 분꽃이 피었구나

울어야 할 일이 또 있기라도 하듯

간보기

육개장을 끓이며
간을 보다 이슬을 마신다
간보는 게 안주가 되어 한잔 술에 간 한번

아버지는 거나하게 취하면 나를
무릎에 앉히고 고복수의 짝사랑을 부르게 했다
난 가수가 되어 술자리마다 이끌려 다니면서
안주가 되는 노래라도 불렀지만
취기가 절정일 때면
엄마와 오빠 언니는 숨거나 도망쳤다

엄마가 달아난 부엌
아버지는 동태찌개를 끓이면서
술 한잔에 간을 보고, 또 한잔 마시고 간을 보았다
동태찌개처럼 얼큰해진 아버지는
상을 차려 당신의 사랑이라는 듯 먹이면서
막내만 곁에 있구나, 막내만 곁에 있구나

간이 들어간 눈을 더욱 붉혔다

간보는 일이
폭력 후에 스며드는 자괴감을 맛보는 일이란 걸
그때부터 알았다

꽃다모아 찻집

꽃나무 하나 없어도
꽃 만발한 집이 있어요

뜰엔 부레옥잠 떠있는 드므가 있고
왕가위벌 현관문은 손님 맞을 준비로 분주해요
모감주 나뭇잎을 먹은 유리창나비는
시스루커튼처럼 드리워져
바람이 불 때마다 금가루를 뿌려요
창틀에 걸터앉은 햇살
꽃타래 같은 여자와 대화를 하고 있어요

푹 꺼진 눈자위 축 처진 어깨가
찻집 공기를 마시니 꽃향기로 피어나요
막 다툰 듯 앉아있는 연인마저 햇살처럼 환해지네요
우울이 나며들며 인사하는 담쟁이 거친 손에도
문신처럼 환한 물이 옮아요 저물녘
둥그런 집의 구근이 창 너머 강물을 끌어당기는 동안

벽을 밀며 들썩거리는 생의 즙들

웃음이 전율처럼 피어나는 찻집 앞에 서면
귓가에 전해오는 속살거림
꽃 다 모여
꽃 다 모여

달맞이꽃

달빛이 얇은 귓불을 간질여요 나방의 날갯짓처럼 파르르 떨리는 밤의 입구 애벌레처럼 구겨져 있던 몸을 조금씩 일으켜 세워요 당신이에요? 돌아오지 않는 대답을 기다리며

텃세 심한 토박이들 무리에선 친구 하나 만들지 못했죠. 아무도 내 이름을 불러주지 않았어요 밤마다 등에 별을 박고 짐승처럼 울었어요 들길 모퉁이를 배회하다 더 깊은 모퉁이가 되어

내가 나를 우는 동안, 내 안으론 강물이 흘러가고 뻐꾹새가 울음을 탁란해놓고 가기도 했어요 한바탕 비바람이 지나가고 어느 날 문 앞에 서성이던, 이젠 그를 받아들이기로 했어요

나는 천개의 달을 잉태할 거예요

하얘지는 비누

건설현장에서 일하는 그는
햇볕에 그을린 얼굴이 싫어서
하얘진다는 눈웃음의 미끼에 홀려
고가의 비누를 샀다

북적북적 거품을 낼수록
땀으로 얼룩진 어깨가 들썩이고
미백에 대한 갈망은 욕망으로 변했다
거품내지 않고서야 세상 누구를 바라볼 것인가

육각형 귀퉁이마다 아양 부리는 꽃무늬
그의 마음을 빼먹고
부레 끓는 내 속을 야금야금 파먹는
여우꼬리 같은 비누를 뽀드득 뽀드득 녹여낸다

그는 하얀빛의 욕망을 차지할 수 있을까

귀가 아프다

또, 고막 사이로 어둠이 가득 고였다
모로 눕자 예민해진 소리들이
누렇게 흘러나와 이명으로 바뀌었다

난 다만 작고 희미해지는 것이 안타까웠을 뿐
찌이잉 한 번도 들어본 적 없는 깜깜해진
소리 안으로 들어가고 싶었을 뿐,
어둠을 연습하는 어떤 몸짓과는 달랐다

들어야 하는 것들을 생각할 때마다
가없는 마음을 생각했다 내가 듣고 싶은 건
세상에 없는, 세상에 늘 있는 엄마
얼마나 파고들어야 들릴까
저 따뜻한 소란을 흘려주는 회리懷裏소리

의사는 빛으로 소리를 쏘았다
돌돌 말려 들어갈수록 빛이 닿지 못하는

소실점 너머 맨 처음 소리 하나 가질 수 있다면
이 난청의 나날이 마음에 든다

폭설버스

폭설 안에도 폭설
폭설 밖에도 폭설

지금 몇 시야?
불안과 걱정을 재는 봄정류장이 술렁거린다

뒷좌석에 앉아서 끼이이익,
예상치 못한 사고를 마주했던 악몽이
흰 무게를 견디지 못하는 지금과 겹친다 버스는
안전할 거라는 믿음으로 폭설 드라이브를 멈추지 않지만

괜찮을 거라는 말은 누군가 써먹은 공포다
이 땅에 쌓인 거짓이 눈보라와 함께 녹는다면
아직 남은 서설瑞雪을 절망이라 부르지 않아도 될까
불안 있는 걱정이 불안 없는 걱정을 끌어 덮는다

연락두절 딸애와 겨우 연결된다

〉

폭설 안에도 폭설

폭설 밖에도 폭설

제4부

노거수의 노래

봄날 몸 달구는 유채밭 힐끔거리면 스러지는 목숨 견뎌내지겠나 다리에 철심 박아 지탱시킨들 시멘트 덕지덕지 쑤셔 넣은들 다 무신 소용이고 곪아 검게 변한 흉측한 속살 더는 보이고 싶지 안테이 삼백년 세월 푸근했던 그늘만이라도 기억해주면 감지덕지지 이 나이쯤 되면 죽는 거 그거 아무것도 아닌 기라

엄마 꼬장주 좀 태워다오 얼른 펜케 가다카더라 느그 보는 것도 귀찮다마 온몸의 뼈란 뼈 다 일그러져 아파 지랄같다 지발 좀 보내도 병원 창 너머 저짝에서 우리엄마 손짓한다마 따숩던 햇살 한줌 베어 물고 하늘로 가던 느그 할매 말이다 내 심장 가까이 안 왔나 이제 마 날 보내두가 저 유채밭 나비처럼 훨훨

생활의 발견

생활에서 발견되는 건 언제나 그들은 내 마음 같지 않다는 것
내 주변을 기억해주고 별 볼일 없는 나의 유일한 안식이자 구원이지만
자주 연락하자고, 마음 주고받자고 떠들고
남는 것도 빼앗긴 것도 없이 밥 한번 먹자는 헛약속이 있을 뿐
누구나 지리멸렬한 일상에서 조우하는 것들과 비일상적인 것을 꿈꾸지만
이렇든 저렇든 하루를 닫는 시간에게 물어보면
오늘 하루는 어제 있었던 일이고 내일 일어날 예정된 오늘
인간이 되긴 힘들지만
사람에게서 사람 이상의 것을 요구하지 말라*
참으로 우울하고 지긋지긋하고, 그토록 치졸하고 유치한 순간들이 빼곡하지
그럼에도 다시 찾고 만나고를 반복하는 것은

지독하지만 필연적이라고밖에 할 수 없는 헛헛함, 혼자라는 두려움 탓
생활에서 발견되는 건 언제나
내 마음 같을 수 있을까 라는 의문과
어디에도 가 닿지 않는 위로이지

* 영화 '생활의 발견' 에 나오는 대사

비의 시간

종일 비가 와서 고요해졌다
알록달록 초파일 연등이 흔들리고
둥근 몸피 사이로 비안개가 내려왔다
보경사 이북할매집 식당
오후를 죽치고 앉아 오래 비를 읽었다
비를 바라보는 내내 생각이 없어지면서 슬퍼졌다
그리움을 아래로 아래로 흘려보내는
낡은 유리창 밖에서
빗방울이 수수꽃다리처럼 피어났다 스러졌다

부산 딸네 간다며 부산떠는
주인 할매에게 조금만요 떼쓰며
동동주를 들이켰다 두부김치 한 점 먹으며
고요와 부산 사이로
외로움과 그리움 사이로
비는 내리고 비가 와서 가슴이 먹먹해졌다
한낮의 취기를 데리고 나도 어디론가

흘러흘러 가고 싶었다

오래된 골목

저녁이 옷섶을 풀어 그리움을 꺼내놓는다
그의 부음 소식을 듣고 가는 길
두근거리는 골목 하나 내 안으로 걸어온다

바라나시 골목의 노숙자처럼
세상에 대해 분노했다 그는
취해있거나 기타를 치거나
낡은 티셔츠처럼 흘러내리는 해를 보며
환히 자작곡을 부를 때조차
죽음과 가까이 있음을 알지 못했다

사는 게 왜 이리 흔들릴까 좀 잡아줄래
겨울 들판처럼 말했을 때 나는
어둠을 헤집고 골목을 내려왔었다
말할 수 있는 것과
말할 수 없는 것 사이에 끼어있는

흔들리는 눈빛을 생각할 때마다
내 안에서 일었던 무수한 갈등
잊었던 노래 울려 퍼지는 저물녘 끝으로
노을이 깔린다

음모론자

그리하여 우리는 심각한 음모론자여요
우리들의 음모는 언제나 아르누보 식이었지요*

세기말 핼리혜성이 지구와 충돌한다 했을 때
PC방에서 이틀 밤을 꼬박 새며 연구했어요
3차 세계대전 가능성도 높은 확률로 점쳤지요
분별없이 떨구는 눈물처럼 이 일을 놈이 계획했다고 믿었어요

바이러스를 죽이는 완전한 감기약이 개발되었는데
제약회사와 병원 압력으로 출시를 못한다죠
실종어린이, 범죄자 관리 구실의 베리칩은 인간통제수단
사건을 묻으려고 쇼킹한 연예인 사생활을 퍼뜨렸죠

사실이 아닌 사실이 사실이면 좋겠다는 희망
귀담아 들을수록 음모는 내밀해서 점점 달콤해져 가는

것인데
　세뇌 당할 것 같은 불길한 중독의 음모촉수예요 나는
　흔들림은 착생하는 너무 편한 자포구요

　이 광기의 시대 한쪽 귀를 잘라버리고 싶은

* 오은 「호텔 타셀의 돼지들」에서

대한종합식품공장 야시

"니 9시 다되가모 공장 앞으로 온네이" 가슴이 몽실몽실 커가는 내보고 또 철썩 파도소리 요란한 목욕탕으로 오라는 엄마의 으름장, 처음에는 멋모르고 따라갔다 쭈글쭈글한 아지매들이 자꾸 빤히 쳐다봐서 다시는 안 간다 몇 번이나 다짐했구만 이넘의 가시나 목욕비가 얼만데로 시작하는 잔소리 듣기 싫어 파란 철대문 옆에 쪼그리고 숨어 엄마를 기다렸다 여공들을 위해 공장 한 모퉁이에 만들어 논 목욕탕 시계처럼 공장기계가 멈출 때까지 간이 쪼그라들었다

살금살금 엄마 옆구리에 붙어 들어가려는 순간 덜컹, 경비실이 열리고 성난 파도처럼 고함소리가 몰려왔다 나는 폭풍 지나간 뒤 적막처럼 반복되는 꿈같아 돌아가는 척 언짢은 눈을 피해 슬쩍 다시 옆구리를 잡았다 생선비린내와 달콤한 과일 냄새가 뒤섞인 긴 복도를 지나 비로소 목욕탕에 닿으면 거품이 엉덩이로 쏴아 밀려왔다 사라졌다 목욕은 언제나 눈 질끈 감아야 하는 창피였으므로

눈치 본 오기와 쭈그려 기다린 억울함은 없던 용기를 주었다 아지매들은 나를 야시라며 한 마디씩 했고 앙다문 엄마 입꼬리가 살짝 올라가는 걸 보았다 달포마다 나는 대한종합식품공장 야시가 되었다

단골

또 한 분이 빠져나갔다
선친에게 물려받은 정 때문에
사나운 대형마트 기세에도 의리 지키던
단골이었는데

몇 남지 않은 발길 중 한 분마저
닳은 신발 버리듯 세상을 저버렸다
평생 농사일 손발 다 부르트다 이제
가지런히 벗어놓은 신처럼 편안하겠다

손 없는 오늘
경운기 소리 묻히고 동재할배 장화가
낡은 문을 열고 들어올 것만 같다 그 먼저 간
장날 생선 좌판 욱이할매 웃음도
환한 주름 사이로 채소 팔던 순이할매 고무신도
다라이 텅텅 치며 골목 언저리를 걸어가는 것만 같다

아무리 멋진 신발을 내놓아도
한번 떠나버린 단골은 더 이상 돌아오지 못한다

신어줄 발이 없어 넘어지는 신들
신이 있어도 신을 수 없는 외로운 발들
홍해 고무신전에는
먼지 앉은 신발들만 갸릉갸릉 늙어간다

사람과 사람 없이*

1,025마리
버림받은 개들이 짖어대는
소리 없는 소리의 파문들

충혈된 눈 속 붉은 눈물들이
거리에 갈갈이 토해진다
자신들의 형상을 묘비로 세워놓고

누떼는 들판을 잃고
새들은 공중을 잃고
자신의 배경을 잃은 것들은 스스로
가슴에 검은 구멍을 뚫었다

집이 유기되고
골목이 유기되고
조금 남은 저녁마저 유기되고

언젠가 해질녘까지
낯선 처마 밑에 쪼그리고 앉아
울음을 삼켰던 기억

우우 어떤 고통은 유혼의 리듬을 탄다
가녀린 등들이 서로의 생을 부축하며
애신**의 씻김굿을 받는다

* 〈동물이야기〉전, 윤석남, 2008, 나무위아크릴, 가변설치
** 유기견의 대모 이애신 할머니

숨바꼭질

말술을 들이킨 술래는
숫자도 세지 않은 채 거친 숨을 내뿜으며
숨은 식구들을 찾기 시작했다
쉬 붙잡혀야 할 엄마도
스스로 나와야 할 오빠도 꼭꼭 숨어버렸다

날이 갈수록 더욱 치밀해지는 술래
기둥이 휘청거리고
허리 꺾인 벽이 털썩 주저앉고
대청마루 아래 오빠가 대문으로 뛰어가고
그 사이 방에서 현관으로, 부엌으로, 뒤껼으로
점령군처럼 밀려오는 술래를 피해
집은 새파랗게 질린다

도대체 이 숨바꼭질은 언제 끝이 나는 걸까
술래는 마지막 통로라 여긴 부엌
미닫이문까지 봉쇄해버렸다 나는

지하 벙커 같은 이불 속으로 불안을 숨겼지만
홱! 분노로 이글거리는
눈동자에 빨려들곤 했다

지금도
고래고래 아가릴 벌리고
세상의 평온한 집을 집어삼키는 아귀 같은
수많은 술래에 대해 생각해본다

머리카락 보일라 꼭꼭 숨어라
꼭꼭 숨어라 머리카락 보일라

우는 아이 달래는 법

그 어렵다는 우는 아이 달래는 실험이 있었다는데요

몸을 젖히며 우는 아이 앞에서 우동을 먹기 시작했어요 아이가 울음을 뚝 그칩니다 소리로 소리를 그치게 하는 실험, 후루룩 후루룩 태내에서 듣던 시원의 소리라 눈망울이 동그래진 것일까요 손가락 빨던 소리 옹알이 소리를 몸으로 가늠해보는, 한 번쯤 나도 실험해 보려고 앙앙 우는 아이 앞에서 소리를 내보는데요 후루룩 후루룩, 아이 달래기에 지친 당신도 우동 그릇에 얼굴을 묻고 소리를 내보세요 후루룩 후루룩

우동 먹는 도시
아이 키우기 좋은 도시

쑥부쟁이

야야 성욕은 참아도 식욕은 못 참는데이
감동이 가슴으로 오면 예술이지마는
아랫도리로 오면 외설 아이가
내사마 주말에는 시간엄다
술식이라도 내만 생각하는 서방인데 올인해야제
시파마 지랄하고 내가 샤워하는 소리만 내도
저 인간은 무서버한데이
오만 원 줄래 내하고 잘래 그라무
오만 원 얼른 던져주고 등 확 돌리삐는 인간
내가 같이 가고 싶으가 이름 있는 맛집 아냐고 물었디
마는
느무 기집년 꿰차고 다니는 새끼들이나 알쥐 쥐어박는
소리로 그칸다
참나 기가 맥혀서 너털웃음밖에 안 나온데이
그래도 내 별명이 고저스 아이가
고저스가 뭔지는 알제

해설

사막에 내리는 천 개의 달빛

— 김말화의 시 세계

이병철(시인, 문학평론가)

결핍이 있어야만 욕망도 존재할 수 있다는 사실은 아름다운 역설이다. 우리는 끊임없이 결핍에서 벗어나고자 몸부림치면서도 또 다른 욕망에의 질주를 위해 다시 결핍 상태로 돌아가는 짓을 도무지 멈추지 않는다. 결핍이 해소되면 새로운 결핍이 생기고, 욕망하던 것을 이루면 엉뚱한 곳에서 다른 욕망이 똬리를 트는 것을 어쩌란 말인가? 결핍은 욕망을 낳고, 욕망은 다시 결핍에 잡아먹힌다. 우리는 모두 제 꼬리를 먹어 몸을 키우는 우로보로스다. 다만, 결핍이 해소되는 순간 그동안 욕망하던 것은 더 이상 욕망의 대상이 될 수 없는데, 이 잠깐의 무욕(無慾) 상태를 우리는 행복이라고 부른다. 이내 다시 결핍이 찾아오더라도, 그 찰나의 행복을 누리기 위해 투쟁하며 사는 것이다.

시도 마찬가지다. 시인은 결핍을 통해서만 자기존재의 내면을 들여다보고 거기 굶주려 아우성치는 영혼의 절규를 옮겨 적을 수 있다. 대상과의 동화와 합일, 대상으로의 존재 전이는 시인의 존재 양식이며 그것은 곧 시의 구성 원리이기도 하다. 시적 오브제와 교감하며 마침내 한 편의 시를 완성시켰을 때의 충만감은 이루 말할 수 없다. 그러나 그 한 편 시의 충만감에 오래 도취될수록 시인으로서의 수명은 단축된다. "많은 꽃과 향기들이 담겼다가 비여진 항아리"(서정주, 「기도 1」)의 상태가 되어야만 새롭게 채울 수 있다. 채우고 비워내고 또 채우고 비워내는 반복 운동, 프로이트는 "모든 반복은 배출의 한 형태"라고 말했다. 에로스는 결국 죽음의 본능인 타나토스로 수렴된다는 것인데, 그러고 보면 삶도 섹스도 시도 모두 결핍과 결핍 해소, 욕망과 무욕끼리의 끝없는 이항대립이다. 우리는 죽음이 우리를 깨뜨려 흙으로 흩어놓는 순간까지 채워졌다 비워지기를 반복하는 항아리들이다.

그런데 여기, 한순간도 채워지지 않는 밑 빠진 항아리가 있다. 무엇으로도 그 결핍이 해소되지 않는, 도무지 스스로에게 충만감을 허락하지 않는 사막 같은 시인을 본다.

그녀의 시에는 오직 결핍만이 무수한 눈을 뜬 채 모래폭풍처럼 또 안개처럼 몸을 불리는 세상의 온갖 욕망들을 예사롭게 바라보고 있다. 시인은 이렇게 고백한다. "오래 가둔 것들 밖으로 내보내느라" "안으로 안으로만 눈을 반짝거리는 습관 버리지 못했다"(「시인의 말」)고. '오래 가둔 것들'은 이루지 못한 꿈들, 다시 만날 수 없는 인연, 돌아갈 수 없는 과거의 시간 등 후회와 미련, 그리움들이다. 이것들을 버려야 한다는 것을, 버려야만 새로운 꿈과 인연과 시간을 욕망할 수 있음을 시인은 알고 있다. 시인은 자기 내면을 채운 그 모든 '쓸쓸함'들을 내보내고자 안으로 눈을 반짝거린다.

그런데 정작 시인이 자기 안에서 끄집어 밖으로 내보내는 것은 쓸쓸함이 아니라 기쁨과 만족감들이다. 국지성 호우가 물웅덩이를 만들어 사막을 습윤하게 적시는 것처럼, 순간의 기쁨들이 영혼을 해갈시켜줄 수 있을 텐데도 시인은 철저하게 메마른 사막이기만을 희망한다. 김말화는 오직 결핍을 욕망하는 시인이다. 이때 결핍을 욕망한다는 말은 역설인데, 그녀는 아무리 마셔도 금방 다시 갈증을 일으키는 물을 거부하고, 한번 마시면 영원히 목마르지 않는 물을 애타게 찾는다. "내가 주는 물을 마시는 자는 영원히 목마르지 아니하리"라던, 예수가 말한 것과 같은 영속적이고 완전한 물, 마르지 않는 샘을 갈망하는 것이다. 잠깐 내린

비가 마른 땅에 강을 흐르게 하지도, 숲을 이루지도 못하는 것처럼 김말화는 일시적이고 불완전한 타자와의 만남이 자기존재의 근원적 결핍을 해결해주지 못한다는 사실을 잘 알고 있다. 그래서 그녀는 순간을 초월하고 타나토스를 극복할 완전한 만남을 기다린다. 그 만남을 통해 이상적 타자를 받아들이고자 외로움과 쓸쓸함 외에는 모두 밖으로 떼밀어내며 스스로를 끊임없이 결핍의 상태로 만든다. 바닥까지 다 비워내야만 어떤 불순물도 이질요소도 섞이지 않은 온전함을 가득 채울 수 있기 때문이다. 그러나 완전한 만남과 이상적 타자란 결코 쉽게 허락되지 않는 불가능의 가능성이라는 데서부터 김말화의 고민은 깊어진다.

김말화의 시를 이해하기 위해서 우리는 그녀의 시에 나타나는 시간과 공간의 특성을 먼저 살펴보아야 한다. 그녀의 시에서 시간과 공간은 모두 쇠락과 소멸과 관련이 있다. "하루 중 가장 쓸쓸한 오후 2시"(「우포늪」)는 "마른 몸이 마른 몸을 위로하는 시간"(「드라이플라워」)이며, "수많은 계절이 당신의 낡은 소매 속으로 들어가"(「월소月梳」)는 순간 "시간의 시소는 소멸 쪽으로 자꾸 기울"(「등」)고, "저녁이 불콰하게 풍장 된"(「드라이플라워」)다. 과거 지향적인 시간은 '추억', '슬픔', '상실', '아픔', '쓸쓸함', '우울', '적막', '죽음'을 향해 흘러간다. 그리고 이 시간이 흘러가 머무는 공간은 "반쯤 무너진 흙담"(「스스와타리가 사는 집」), "마른 울음을 가" 진 '허공' 과 '사막' 과 '늪' (「우포늪」), "수천의 슬픔을 품은 주머니가 지붕을 덮고 있는 집", "모두 있으면서 텅 빈 집"(「빈집」) 같은 쇠락과 부재의 장소들이다. 이 쓸쓸한 시공간에서 김말화 시의 주체들은 "녹슨 추억을 닦아 허공에 내걸"(「등」)고, "국지성 우울이 계속 되"(「우울주의보」)고, "쓸쓸하게 행복하"(「접시를 닦으며」)고, "장미처럼 붉다가 가시처럼 아프다가"(「우리 옆집에는 앨리스가 살았어요」) "더 깊이 가라앉아 혼자"(「겨울나무」) "그 집에 오래 갇히고 싶"(「벚나무 집에 갇히다」)어 한다. 그리고 그 모든 과거 지향의 우울과 고독, 자발적 유폐는 "달콤한 상실"(「보름달 증후군」)과 "달콤한 슬픔"(「밤의 카페」)으로 귀결된다. 상실과 슬픔이 달콤할 수 있는 것은 김말화가 결핍을 자기존재 항존성의 동력으로 삼고 있기 때문이다.

새벽마다 낡은 꿈을 닦아 창문에 걸었다

시간을 갉아먹는 벌레가 찌찍 소리를 냈다
아침 새와 비 온 뒤의 안개와 작은 연못과
몇 가닥 목소리가 처마 끝에서
깜부기불 심지처럼 피어났다 스러지곤 했다

아카시 꽃잎처럼 흔들리던 일이며
들길 끝까지 걸어갔다 돌아오던 일이며
열리지 않던 문 앞에서 주저앉던 일이며

목련도 흩어지고 철쭉도 시들고
시간의 시소는 소멸 쪽으로 자꾸 기우는데
잊히지 않으려고 날마다
녹슨 추억을 닦아 허공에 내걸었다

—「등」 전문

위의 시에서 화자가 일관되게 바라보는 것은 현재가 아닌 과거의 장면들이다. 화자는 "새벽마다 낡은 꿈을 닦아 창문에 걸어" 놓는데, '새벽'이 신생(新生) 그리고 다가올 아침, 즉 미래에 대한 예감으로 충만한 시간이라는 점을 떠올리면 화자는 미래를 지향하거나 현재에 충실한 대신 어제를 끊임없이 오늘로 데려와 과거에 머무는 쪽을 택한다. 화자 스스로도 그러한 태도가 "시간을 갉아먹는" 일이라는 것을 알고 있지만, 그럼에도 지나간 어제에 머물고자 하는 것은 과거를 회상하는 때에만 "처마 끝에서 깜부기불 심지처럼 피어났다 스러지곤" 하는 "몇 가닥 목소리"를 들을 수 있기 때문이다. 그 목소리는 아마도 이별한 '당신', 즉 지금은 부재하는 이의 음성일 것이다. 화자는 현재 부재하는, 과거에는 자기존재를 충만하게 채웠던 '당신'과의 완전한 동화의 충만감을 잊지 못한다. '당신'의 익숙한 목소리를 듣는 순간 "아카시 꽃잎처럼 흔들리던 일"과 "들길 끝까지 걸어갔다가 돌아오던 일"과 "열리지 않던 문 앞에서 주저앉던 일"이 생생하게 재생된다. 이 과거의 장면들에는 '당신'과 함께 했던 날들의 기쁨, 그리고 '당신'을 상실했을 때의 슬픔이 혼재한다.

화자가 '낡은 꿈'에서 벗어나지 못하는 동안 시간은 자꾸만 흘러 "목련도 흩어지고 철쭉도 시들고 시간의 시소는 소멸 쪽으로 자꾸 기우는데" 그녀는 "잊히지 않으려고 날마다 녹슨 추억을 닦아 허공에 내"건다. 이 망각과 상실에의 거부는 시간의 순리를 받아들이면 과거에만 존재하는 완전한 사랑의 대상으로부터 화자 자신이 잊힐 것이라는 인식에서 비롯된다. 김말화는 시간과 존재를 동일시한다. 시간과 사람이 동일화된 세계에서 과거는 잊을 수 없는 유일한 '당신'이 되며, 미래는 낯설기만 한 '모르는 타인'이 된다. 사람은 사람에게서 잊히는 순간 진정한 죽음을 맞게 된다. 김말화는 과거에 살고 있는 '당신'에게 잊히지 않기 위해, 시간이라는 낯선 타자에 의해 소중한 '당신'이 지워지는 것을 막아내기 위해 끊임없이 '낡은 꿈'과 '녹슨 추억'을 현재로 소환한다. "출발했으나 언제나 출발한 지점으로 되돌아와 있는 오늘"(「우로보로스」)에 계속 머물고자 하는 것이다.

> 언니가 떠난 후 집에는 소리가 살지 않았다 아버지가 있었지만 없었고 엄마가 있었지만 없었다 수천의 슬픔을 품은 주머니가 지붕을 덮고 있는 집, 모두 있으면서 텅 빈 집, 고함과 몽둥이가 지나간 다음날은 더 아무도 살지 않았다 슬픈 허리를 쓸어주던 바람 같은 집, 들짐승들이 낙엽처럼 끌어 덮던 집, 네 귀퉁이가 낡은 집, 고생대 화석처럼 시간의 흔적만 남아 삼엽충 같은 집, 개망초 무성한 집, 부평처럼 흘러가는 빗방울의 씁쓸한 어제가 되어버린 집, 추억이 이사 간 집, 그 집에 오래 살았다
>
> ―「빈집」 전문

「빈집」은 김말화가 '부재'를 어떻게 인식하는지 잘 드러내주는 작품이다. 그녀의 시에서 '당신'은 여러 모습으로 나타나는데, 이 시에서는 '언니'가 호명된다. 시인 자신의 구체적 삶의 체험을 시로 형상화한 것이라면, 시 전반을 관통하는 비감(悲感)은 더 절절하고 애틋해진다.

'언니'가 없는 '집'은 다시는 원래대로 회복될 수 없는 실낙원이다. 화자는 '언니'의 부재 이후 '집'에는 "아버지가 있었지만 없었고 엄마가 있었지만 없었다"고 고백한다. '집'이라는 완전한 공동체에서 '언니'가 사라진 순간부터

가족들은 무엇으로도 영원히 채울 수 없는 상실감 가운데 살아야만 했을 것이다. "수천의 슬픔을 품은 주머니가 지붕을 덮고 있"는 이 상실감은 '언니' 의 부재에서 비롯된 것이지만, '언니' 와 가족관계를 맺으며 동화를 이루던 구성원 각 개인의 자아 일부가 소멸한 데 대한 트라우마이기도 하다. '언니' 의 부재로 불완전해진 '집' 에서 구성원들은 개인으로는 존재하나 가족이라는 전체를 이루는 구성요소로는 그 존재 의미를 잃고 만다.

그러므로 김말화에게 '당신' 의 부재란 곧 자기존재의 상실이다. 타자와의 관계 맺기를 통해 완전한 충만감을 누리던 자아는 타자의 상실과 함께 영영 유토피아로 회귀할 수 없게 된다. 시간은 과거를 "씁쓸한 어제"로 만들며 '언니' 와의 추억을 빠르게 흩어 없애는데, 김말화는 낙원으로의 회귀가 불가능하다는 것을 알면서도 "추억이 이사 간 집"에 "오래 살았"다. '추억' 이라는 비물질로 바뀌어버린 '언니' 를 기억하기 위해서다. '언니' 를 기억에서마저 유실하는 순간 그녀의 세상은 "고생대 화석처럼 시간의 흔적만 남아" "더 아무도 살지 않"는 폐허가 되어버리기 때문이다.

> 배란기 때마다 촉촉해지는 아랫도리처럼
> 대지가 뽀얀 분비물을 내 놓는다

열린 숨구멍마다 안개가 스며들고
퉁퉁 불은 어둠이 몸을 누이려는 저녁

세상은 다 젖는데
홀로 젖지 못하는 저 버즘나무 한 그루
오래 손 흔들었던 일들은 쉬 지워내지 못하는 걸까

살아도 죽은 나무처럼 싹을 내지 못하는 게 있단 걸
사랑을 잃고 난 후에 알았다

—「모애暮靄」 전문

저녁 안개가 세상을 뒤덮은 풍경을 감각적으로 그려낸 이 시에서도 김말화는 부재와 상실의 고통을 노래한다. "퉁퉁 불은 어둠이 몸을 누이려는 저녁"은 '아침'이라는 부활과 쇄신을 준비하는 시간이다. 그러나 '당신'을 잃은 화자는 "세상은 다 젖는데 홀로 젖지 못하는 저 버즘나무" 처럼 '안개'에 포섭되는 것을 거부한다. 안개는 뚜렷한 윤곽들을 흐릿한 것으로 바꾼다. 경계를 지우고, 익숙한 풍경들을 낯선 정경으로 재창조한다. 동서양 미술사에서 안개가 풍경화의 소재로 오랫동안 사랑 받은 것도 바로 안개가 지닌 '낯설게 하기'의 능력 덕분이다. 태초에 여호와가

천지를 창조할 때 "혼돈하고 공허하며 흑암이 깊음 위에 있었"는데 그 혼돈과 공허, 흑암이 바로 안개다. 안개는 오래된 세계의 불변성과 고정성을 우연과 혼돈으로 바꾸어 놓으며 새로운 세상의 출현을 예고한다. 그러나 화자는 안개에 의해 "오래 손 흔들었던 일들"이 지워지는 것을 원하지 않는다. 새로운 인연은 안개처럼 옛사랑의 기억들을 지우며 오기 마련인데, 화자는 익숙한 세계, 즉 '당신'이 선명하게 존재하고 있는 과거만을 계속 바라보고 싶어 하는 것이다.

하지만 "살아도 죽은 나무처럼 싹을 내지 못하는" 자신의 피폐한 삶을 돌아보는 순간, 뜻밖의 전향적 자각이 일어나기 시작한다. "울던 귀에서 사막이 쏟아져 나오고 그날 이후로 나는 더 이상 자라지 않았"(「비 없는 나라」)다는 화자는 "그럴수록 더 깊이 가라앉아 혼자"(「겨울나무」)가 되기만을 고집해왔다. 그런데 이 자발적 유폐와 침잠으로 인해 자기존재가 타자와 관계 맺기가 거의 불가능해진, 불모(不毛)의 상태가 되었다는 사실을 엄중하게 받아들이자 그 '사막'에서부터 벗어나겠다는 의지가 생겨난다. 마틴 부버는 "나는 너와의 만남을 통해 성숙한 인격이 된다"고 말했는데, "싹을 내지 못하는" 것은 더 이상 성숙할 수 없음을 뜻한다. 화자는 그 사실을 "사랑을 앓고 난 후에 알았"다고 고백한다. "잃고 난 후"가 아니라 "앓고 난 후"라고

의식하는 점이 중요하다. 한번 되게 앓고 나면 눈에 보이는 모든 풍경이 새로워진다. 오랜 아픔에서 벗어난 사람은 다시는 고통의 시간으로 돌아가려 하지 않는 법이다.

립스틱이 부러지는 건
결국 두 가지 이유에서이다
너무 오래 방치해두었거나 너무 진부해졌거나

—「립스틱에 대하여」 부분

'립스틱'은 여성의 외모를 아름답게 치장하는 화장품의 일종이다. 입술을 붉고 생기 있게 보이도록 해 이성을 매혹시킨다. 립스틱 바른 입술은 여성의 관능미를 상징하는 가장 고전적이고 또 항구적인 이미지임이 분명하다. 화자는 이 '립스틱'이 부러졌다고 이야기한다. 그런데 "너무 오래 방치해두었거나 너무 진부해졌"기 때문이라고 부연하는 순간, 김말화 시의 주체는 결핍만을 욕망하며 과거에만 머물러 있던 스스로를 객관적으로 또 반성적으로 고찰하게 된다. 립스틱은 여성이 자신의 매력을 높임으로써 사교 집단에 속하거나 이성과 친밀한 관계를 맺게 하는 사회화의 도구이다. 그러므로 화자가 그동안 방치해둔 것은 립스틱만이 아니라 립스틱으로 함의되는 여성의 성적 매력과 사회화에의 욕망까지였던 것이다. 타자와 관계 맺기를 포기하며 여성성과 사회성을 모두 버려두는 사이 그녀에게는 황폐한 고독만이 남고 말았다. 각성은 뼈아픈 자기 진단에서부터 시작되는데, 립스틱이 부러진 이유를 스스로 확인함으로써 화자는 이제 입술에 '새 립스틱'을 바를 때가 되었다는 사실에 대한 심리적 당위성을 획득한다.

한 여자
오월의 붉은 입술 속으로 들어가고 있네

꽃잎에 몸이 닿는 순간
탐스런 엉덩이가 부풀어 오르네
설레는 뒤태 위로 현기증이 걸리네
닫힌 꽃잎이 열리네
깊숙이 빨려 들어가는 달콤함
향긋한 와인으로 와전되네
그 여자 지나간 길, 노을이 차곡차곡 접어
그리움 응고된 심장 속으로 밀어 넣네
그녀는 없고 몇 장의 심장만 남네
세상이 서로 경계를 허물고
제 살 속으로 스며드는 마법의 시간

붉은 그녀

내 속으로 들어와 번지네

—「로즈 앱솔뤼」 전문

이 시는 「립스틱에 대하여」와 조응관계를 이룬다. '로즈 앱솔뤼'가 유명 화장품 브랜드의 립스틱 제품명이라는 사실은 두 시의 관련성을 더욱 확고하게 한다. "오월의 붉은 입술 속으로 들어가고 있"는 '한 여자'는 누구일까? 혹시 화자가 자기존재를 타자화 및 객관화시켜 3인칭적 관점에서 바라보고 있는 것은 아닐까? 그렇다면 '한 여자'는 곧 시인인 화자 자신일 것이다.

화자는 가장 화려하고 생명력이 충만한 계절인 '오월'과 상응한다. "꽃잎에 몸이 닿는 순간 탐스런 엉덩이가 부풀어 오르"는 감각 반응은 김말화 시의 주체가 오랜 자발적 불감증에서 벗어나 외부 세계와 교류하며 '자연'이라는 타자를 받아들이기 시작했다는 신호이다. 이 관계 맺기의 과정에는 '달콤함'과 '향긋한'이라는 미각·후각적 쾌감이 동반되며, "닫힌 꽃잎이 열리"는 에로스의 고조도 함께 이루어진다. 그리고 마침내 화자는 "그녀는 없고 몇 장의 심장만 남"는 무아지경의 상태, 자기존재의 무화(無化)를 경험한다. '나'는 너가 되고 '너'는 내가 되는 완전한 합일이 이루어진 것이다.

시인은 그 순간을 "세상이 서로 경계를 허물고 제 살 속으로 스며드는 마법의 시간"이라고 말한다. 그제야 비로소 화자는 타자화시켜 자기존재로부터 잠시 분리했던 '한 여자'를 다시 자아로 수용한다. 그때 "붉은 그녀 내 속에 들어와 번지"는 낯선 자아정체감의 이식과 전이, 자기존재의 쇄신이 생생하게 감각된다. 화자의 내부에 들어와 붉게 번지는 '그녀'는 과거에 대한 집착에서부터 벗어나 새로운 만남을 향해 모든 가능성을 활짝 열어젖힌 전향적 자아인 셈이다.

달빛이 얇은 귓불을 간질여요 나방의 날갯짓처럼 파르르 떨리는 밤의 입구 애벌레처럼 구겨져 있던 몸을 조금씩 일으켜 세워요 당신이에요? 돌아오지 않는 대답을 기다리며

텃세 심한 토박이들 무리에선 친구 하나 만들지 못했죠. 아무도 내 이름을 불러주지 않았어요 밤마다 등에 별을 박고 짐승처럼 울었어요 들길 모퉁이를 배회하다 더 깊은 모퉁이가 되어

내가 나를 우는 동안, 내 안으론 강물이 흘러가고 뻐꾹새가 울음을 탁란해놓고 가기도 했어요 한바탕 비바람이 지나가고 어느 날 문 앞에 서성이던, 이젠 그를 받아들이기로 했어요

나는 천개의 달을 잉태할 거예요

—「달맞이꽃」 전문

마침내 김말화는 쇠락과 소멸이 아닌 충만함과 탄생에 대하여 노래한다. 유폐의 고독 대신 상응과 조화의 아름다움을 이야기한다. 새로운 타자와 관계 맺기를 거부한 채 이미 부재하는 '당신'에 집착하며 시간에 의한 소멸로부터 과거를 지켜내고자 분투하던 김말화 시의 주체는 이제 "달빛이 얇은 귓불을 간질이"는 미세한 떨림에도 "구겨져 있던 몸을 조금씩 일으켜 세워" '당신'의 기척을 확인한다. 이러한 화자의 능동적 행위는 과거의 '당신'을 떠나보내고 "어느 날 문 앞에 서성이던 그"를 받아들이려는 자기 변화의 적극적 모색이자 과거를 향해 보내는 가장 아름답고 곡진한 작별 인사다. 화자는 "당신이에요?" 물으면서도 그것이 "돌아오지 않는 대답을 기다리"는 일임을 잘 알고 있다. '당신'의 부재를 인정하고 그를 잘 떠나보내는 것이 순리임을, 이별이 곧 사랑의 완성임을 깨달은 것이다.

화자는 부재하는 '당신'에게 그를 잃고서 고통스러웠던 날들의 기억을 덤덤히 고백한다. "친구 하나 만들지 못했"던 외로움, "아무도 내 이름을 불러주지 않았"던 소외, "밤마다 등에 별을 박고 짐승처럼 울었"던 일, "들길 모퉁이를 배회하다 더 깊은 모퉁이가 되어" 버리던 소통의 단절과 자기 유폐…… 그러나 그 슬픔의 세월 동안 그녀에게 아무도 손을 내밀지 않은 것은 아니다. 그녀의 닫힌 마음 앞에서 서성이던 이가 있다. 그녀는 그를 외면했다. 때로는 무시하고 때로는 야멸치게 거절하고 또 때로는 '당신' 과 비교하며 평가절하하기도 했을 것이다. 그런 그녀의 마음을 연 것은 그의 한결같은 진심이었을까? 그의 진심이 그녀에게 스며들기 전, "내가 나를 우는 동안, 내 안으론 강물이 흘러가고 뻐꾸기가 울음을 탁란해놓고 가기도 하"는 자연과의 교류가 선행되었다. 이 세상은 그런 곳이다. 한 사람이 슬퍼서 울면 누군가는 반드시 그를 위해 함께 울어주기 마련이다. 사람이 아니라면 해와 달, 강물과 새가 대신 울어준다. 이 세계가 관계의 총체임을, 우리의 삶이 '홀로서기' 가 아니라 자연, 사물, 사람과 관계 맺으며 더 나은 인간으로 성숙해가는 과정임을 기억해낸 화자는 이제 "문 앞에 서성이던 그를 받아들이기로" 한다. 그리고 그러한 변화와 전향의 결심을 과거의 '당신' 에게 전한다. 이제 '당신' 도 편안히 쉴 수 있을 것이다.

자기존재를 거세게 뒤흔드는 "한바탕 비바람이 지나가고" 나면 세상이 다르게 보인다. 김말화는 끝내 "문 앞에 서성이던 그"와 함께 "천 개의 달을 잉태할 거"라고 선언한다. 한 사람의 독자로서 김말화의 이 선언을 마주하자

가슴이 뭉클하며 속에서부터 뜨거운 것이 올라온다. 그녀가 오직 결핍만을 욕망하며 부재하는 '당신' 들을 품에 안고 울던 시간들이 무성영화처럼 눈앞에 떠오른 까닭이다. "문 앞에 서성이던 그" 는 새로운 사랑인 동시에 이름 모를 수많은 이웃들, 또 세상의 모든 사물이자 앞으로 살아내야 할 내일의 시간들이다. 그리고 아직 쓰이지 않은 시이기도 하다. 너무도 다정해서, 그 마음이 너무도 섬려해서 소멸하는 것에 대한 연민과 안타까움으로 다시 돌아갈 수 없는 저쪽 과거를 보며 오래 눈물 흘리던 시인은 이제 그 다정함과 섬려함으로 이 세계를 품어 안고자 한다. 김말화의 품 안에서 잉태되어 자라날 천 개의 달, 천 편의 시가 사막처럼 마음 캄캄한 모든 이에게 은빛 사랑의 세례로 쏟아질 것을 나는 믿는다.

애 지 시 선

002 붉디 붉은 호랑이 장석주 시집
003 붉은 사하라 김수우 시집
004 자전거 도둑 신현정 시집
005 정비공장 장미꽃 엄재국 시집
006 기차를 놓치다 손세실리아 시집
007 바람의 목례 김수열 시집
008 그리운 연어 박이화 시집
009 뜨거운 발 함순례 시집
010 정오의 순례 이기철 시집
011 그 남자의 손 정낙추 시집
012 즐거운 세탁 박영희 시집
013 구룡포로 간다 권선희 시집
014 좋은 날에 우는 사람 조재도 시집
015 여수의 잠 김열 시집
016 축제 김해자 시집
017 뜻밖에 박제영 시집
018 꽃들이 딸꾹 신정민 시집
019 안개부족 박미라 시집
020 아배 생각 안상학 시집
021 검은 꽃밭 윤은경 시집
022 숲에 들다 박두규 시집
023 물가죽 북 문신 시집
024 마늘 촛불 복효근 시집
025 어처구니 사랑 조동례 시집
026 소주 한 잔 차승호 시집
027 기찬 날 표성배 시집
028 물집 정군칠 시집
029 간절한 문장 서영식 시집
030 고장 난 아침 박남희 시집
031 하루만 더 고증식 시집
032 몸꽃 이종암 시집
033 허공에 지은 집 권정우 시집
034 수작 김나영 시집
035 나는 열 개의 눈동자를 가졌다 손병걸 시집
036 별을 의심하다 오인태 시집
037 생강 발가락 권덕하 시집
038 피의 고현학 이민호 시집
039 사람의 무늬 박일만 시집
040 기울어짐에 대하여 문숙 시집